인간 개조
프로젝트

THE HUMAN DEVELOPMENT PROJECT

인간 개조 프로젝트

SOFT SKILLS 9

김세광(Ellie Kim)·오미영(Jennifer Oh) 지음

"삶의 변혁을 위한 국내 최초 소프트스킬 입문서"

소프트스킬 : 더 나은 인간이 되는 동시에 개인과 조직의 성공을 불러 일으키는 기술

좋은땅

인간 개조 프로젝트의 시작

소프트스킬 : 더 나은 인간이 되는 동시에

개인과 조직의 성공을 불러일으키는 기술

'소프트스킬'이라는 단어 자체를 좋아하지는 않는다. 왜냐하면 소프트스킬은 그 이름과는 달리 전혀 부드럽지도 가볍지도 않고 오히려 그 어느 기술보다도 오랜 시간과 인내와 노력을 필요로 하고 큰 변화를 불러일으킬 수 있는 메이저급 스킬이기 때문이다. '소프트스킬'은 아직도 우리나라 대부분의 사람들에게 낯선 단어라고 생각된다.

'21st Century Skills' 또는 'Human Skills'이라고도 불리는 소프트스킬에 이제는 우리가 눈을 떠야 할 시기이다. 인공지능의 시대, Web.3.0의 시대, 인덱스 관계의 시대를 살아가고 있는 우리에게 **인간 고유의 역량**은 그 어느 때보다도 중요하다. 특히 팬데믹 이후 회복력과 적응력의 필요성이 그 어느 때보다도 요구되고 있다. 이를 위해 필연적으로 장착해야 할 기술이 소프트스킬이다.

　좋은 대학의 학위, 우수한 어학능력, 여러 개의 자격증 등의 경쟁력을 갖추고도 진정한 행복과 성공을 찾지 못해 방황하는 사람들을 어렵지 않게 볼 수 있다. 왜 그럴까? 교육과 생활수준이 높아졌지만 사회에서, 조직에서 심지에 가정에서도 인정받지 못하고 적응하지 못해 외로움을 느끼는 사람들. 도대체 무엇이 문제이고 어디서부터 잘못된 것일까? 현대 사회에서는 보이는 능력에 지나치게 치중하고 집중하기 때문에 숨겨진 '소프트스킬'의 중요성과 힘을 인식하지 못하고 살아간다. 그러다 뒤늦게 소프트스킬의 부재를 알아차리게 되는 것이다. 중요한 것은 이 소프트스킬은 하루아침에 단련할 수 있는 것이 아니라는 점이다. 꾸준히 운동을 해서 근력을 키우듯이 학습과 노력, 경험으로 단련하는 것이다.

　교육은 세상을 이겨 나갈 힘이라고 생각한다. 하지만 공부를 잘하는 것이 사람의 됨됨이와는 아무런 상관이 없다는 것을 알게 되었다. 20여 년 동안 교육의 현장에서 학생들과 마주하면서 그들의 진로와 진학을 함께 고민하게 되었다. 아무리 좋은 학점을 받은 학생이라고 해도 진로와 직접적인 관련은 잘 없었다. 의외로 학점은 그리 좋지는 않았지만 성격 좋고 긍정적이고 인사 잘했던 학생들이 각자의 영역에서 영향력을 나타내는 것을 보면서 보이는 성적보다 더 큰 무엇인가 있음을 확신하게 되었다. 눈으로 드러나는 점수나 성과를 움직이는 힘을 무엇이라고 할 수 있을까? 부드러우면서도 눈에 보이지 않는 힘 그것을 소프트스킬이라고 할 수 있다.

어떠한 안정된 조직에 있더라도 모든 인간들은 떠나고 싶을 때가 있을 것이다. 지금도 인내하며 그 자리를 지키는 많은 사람들이 있다. 훌륭한 역량이다. 또한 새로움을 향한 도전과 실천력도 아름다운 힘이다. 인내와 실천력이라는 힘은 어디서 나온 것인가? 보이는 학점이나 토플 점수 이상의 가치를 인간은 가지고 있다. 그것을 움직이는 힘이 소프트스킬이다. 토플 점수 만점과 명문대 졸업장보다 근원적으로 사람을 변화시키는 기술이 바로 소프트스킬이다.

『인간 개조 프로젝트』는 소프트스킬의 정의와 필요성, 소프트스킬의 9가지 구성요소에 대하여 안내하고 있다. 소프트스킬에 대한 입문서이다. 각 내용을 숙지하고 소프트씽킹을 위한 질문에 답을 해 보길 바란다.

소프트스킬이라고 부르지만 전혀 부드럽지 않은 과정이다. 각자가 잘하고 있다고 착각하고 있는 요소들을 들추어내어 바꾸는 작업은 현재의 자신을 정확하게 인지하는 것에서부터 시작된다.

본서가 나올 수 있도록 격려해 준 윤현실 산부인과 윤 원장님과 영감을 주신 Yara Industrial Solution의 Corina Pallamy님에게 감사의 마음을 전합니다.

특히 『인간 개조 프로젝트』가 한국에 나올 수 있도록 지지해 준 Soft Skills American Hospitality Academy(AHA)와 좋은 씨앗을 뿌릴 수 있게 해 준 '좋은땅' 출판사에게 감사의 마음을 전합니다.

Special Thanks to Soft Skills AHA

소프트스킬 탄생 50주년을 맞이하여
2023년 새해, 메타미래교육연구소 공동대표
김세광(Ellie Kim)&오미영(Jennifer Oh)

목차

1

소프트 스킬?

'Soft Skills'라는 단어에 궁금증을 가지게 된 계기는 12년 전
으로 거슬러 올라간다. 당시 모 대학에서 교수로 일하고 있던
시절 국내의 노르웨이 선급회사에서 어학특강을 진행하게 되
었다. 그 기업의 임원들이 직원들에게 꾸준히 소프트스킬의
중요성을 강조하고 교육에 투자하는 모습을 지켜보면서 '아니,
왜 당장 필요한 직무교육이 아닌 이런 부수적인 교육들(커뮤
니케이션, 문화의 이해, 협상능력 등)에 시간과 돈을 투자하는
것일까?'라는 의문을 가지게 되었다.

　그리고 그 해답은 얼마 지나지 않아 스스로 찾을 수 있었다.

　일반적으로 '소프트스킬'이라고 하면 IT 쪽에서 많이 들어 본
느낌이 들 것이다. 소프트웨어, 하드웨어로 익숙하기 때문이

다. 하드웨어는 컴퓨터의 본체 등 기계적인 요소들이고 소프트웨어는 컴퓨터 프로그램과 데이터로 하드웨어를 움직이게 하는 무형의 모든 요소를 의미한다. 이 의미를 이해한다면 소프트스킬에 대해서도 쉽게 이해할 수 있다.

하지만 '소프트스킬'이라는 용어는 1960년대 후반 미군에서 처음 불렸다. 당시 군부대는 기계를 사용하여 업무를 수행하는 방법에 대한 훈련에 탁월했다. 그러나 병사들을 승리로 이끈 많은 부분이 그 무리를 이끌고 동기 부여하는 사회적 기술이라는 것을 알고 있었다. 그래서 그들은 이 능력들을 어떻게 목록화하고 획득할 수 있는지에 대해 고민하기 시작했다. 그리고 지금으로부터 50년 전인 1972년, 미 육군 훈련 매뉴얼에 '소프트스킬'이라는 용어가 공식적으로 사용되기 시작했다. 같은 해 CONARC(지금의 미국 육군 사령부) 소프트스킬 컨퍼런스에서 화이트모어 박사(Dr. Whitemore)는 '소프트스킬'이라는 용어가 어떻게 이해되고 있는지 파악하기 위한 보고서를 발표했다. 이후 전문가들은 다음과 같은 새로운 정의를 공식화했다.

"소프트스킬은 기계와 거의 또는 전혀 상호 작용하지 않고 업무에 적용할 수 있는 중요한 업무 관련 기술이다."

In general, distributions of scores on the three dimensions were very similar across all 35 job functions.

However, several job functions revealed inconsistencies among the three dimensions. For example, #3, "Interprets and Uses a Military Map" was purposely included in the set of job functions as a "hard" skill that made use of paper. Apparently, most of the 35 judges felt that using paper in this way was not the same as interacting with a machine. On this basis, it would be categorized as a "soft-skill."

On the other two dimensions 79% of the respondents felt that processes for using a map were explicit and constituted a specific application. Sixty three percent felt that the job situations for using maps were known. The responses on these two categories would cause it to be categorized as a "hard-skill." Thus, it appears that including "paper" in a definition of "soft" skills requires an explanation of how that "paper" is used. Does the user fill in standardized blanks or does he use "paper" to manipulate ideas or objects as mental images.

A tentative definition of soft skills might be formulated as follows: Soft-skills are (1) important job-related skills (2) which involve little or no interaction with machines (including standardized because the situation or context contains a great deal of uncertainty; that is, we don't know much about the physical and social environments in which the skill occurs and we don't know much about the consequences of different ways of accomplishing the job function. In other words, those job junctions about which we know a good deal are hard skills and those about which we know very little are soft skills.

CONARC(지금의 미국 육군 사령부) 소프트스킬 컨퍼런스
Dr. 화이트모어 박사의 보고서(1972)
(출처 : https://code.joejag.com/2018/the-origin-of-soft-skills.html)

그로부터 50년이 지났다. 다양한 분야에서 소프트스킬의 힘은 증명되었고 또 세계적인 리더들은 입을 모아 그 중요성을 강조하고 있다. 최첨단 기술과 로봇이 발달된 이 시대에 모든 것이 자동화되더라도 소프트스킬은 중요하다. AI가 대체할 수 없는, 인간을 인간답게 만드는 특별한 자질이 소프트스킬이며 미래 경쟁력이기 때문이다.

소프트스킬은 하나의 스킬이 아니다. 삶을 살아가면서 가정, 직장, 사회에서 필요한 정서지능의 집합체이다. '소프트스킬'을 한마디로 정의하면 '더 나은 인간이 되는 동시에 개인과 조직의 성공을 불러일으키는 기술'이라 할 수 있다.

우리는 혼자 살아갈 수 없다. 더불어 살아가는 인간이라면 누구나 소프트스킬이 필요하다. 그것이 갖춰지지 않는다면 늘 결핍을 느낄 수밖에 없다.

기업에서는 각 기관에 잘 적응하고 다른 직원들과 협업하여 조화롭게 일하고 성과를 낼 수 있는 직원을 원한다. 여기서 필요한 스킬은 적응력, 변화관리, 팀워크 등이 될 것이다.

세계적인 기업 구글의 사례를 보자. 구글도 회사 설립 초기에는 감정을 바탕으로 한 소프트스킬보다는 **STEM**(Science, Technology, Engineering, Math의 첫 글자를 딴 두문어자로 과학, 기술, 공학, 수학을 의미한다) 기술과 전공을 중요시하고 강조했다.

하지만 2013년 시작된 직원 데이터 분석 프로젝트인 프로젝트 옥시젠(Project Oxygen)과 2017년 소프트스킬의 중요성을 보여 주는 '프로젝트 아리스토텔레스(Project Aristotle)'를 통해

STEM 기술보다는 소프트스킬이 업무 성과와 생산적인 아이디어에 기여하는 바가 더 크다는 사실을 알게 되었다.

현대사회에서는 소프트스킬이 잘 갖춰진 사람을 호감형 인재라고 여긴다. CNBC에 따르면, 소프트스킬은 고용주의 눈에는 가장 중요한 기준이다. 세계 최대 채용 애플리케이션 중 하나인 ZipRecruiter의 CEO 이안 시갈은 최근 회사 보고서에서 **"93%의 조직이 고용을 결정할 때 소프트스킬이 큰 역할을 한다"**고 밝힌 바 있다.[1]

현대 경영의 창시자라 불리는 경영의 대가 톰 피터스도 그의 저서 『탁월한 기업의 조건』에서 **"모든 일자리를 소프트스킬과 EQ를 최우선으로 고려해 채용하라."**고 여러 번 강조했다. 조직의 규모에 상관없이 가장 중요한 것은 '사람'이라고 열변하였다.

사우스웨스트 항공의 수장을 지낸 허브 켈러허는 다음과 같은 말을 남겼다.

---

1)   http://www.goodmorningvietnam.co.kr/news/article.html?no=55925

"능력이 아니라 마음가짐을 보고 직원을 뽑아야 한다. 능력은 가르치면 된다."

개인적으로 정말 공감하는 말이다. '유전적으로 어떠하다', '이렇게 타고났다'라는 말로 핑계를 댈 수 없다. MBTI 유형 핑계도 대지 마라. 수많은 연구 결과가 증명했다. 인간은 학습과, 환경과, 노력으로 변화된다는 것을. 이제는 내 안에 잠재된 소프트한 기술을 맘껏 펼쳐 보자.

Soft Thinking 1.

1. 소프트스킬에 대한 평소의 생각과
   본 내용을 읽고 난 후의 차이점은 무엇인가?

2. 소프트스킬을 자신의 말로 정리해 보자.

2

소프트스킬
vs 하드스킬

먼저 질문을 하나 던지면서 시작하고자 한다.

다리(Bridge)를 설계할 때 필요한 것은 하드스킬일까, 아니면 소프트스킬일까?

오늘날 대부분의 사람들은 아마도 '하드스킬'이라고 답할 것이다.

왜냐하면 우리는 소프트스킬을 '감성 지능'(또는 그냥 눈치 없는 인간 안 되기) 정도로 가볍게 보는 경향이 있기 때문이다. 그러나 이러한 작업도 현장 사찰, 인원 감독 및 연구 수행과 함께 '소프트스킬'이 필요한 부분들이다. 다리가 완성되기까지는 팀원들과의 소통과 협업이 우선 필요하다. 그리고 어떤 다리를 만들지 어떻게 세울지 등 창의적 아이디어와 문제해결능력도 중요하다. 특히 현장 직원들에게 아이디어 회의에서 나온 사항을 전달하는 과정은 치밀한 소프트스킬이 필요하다. 아이디어 전달과정에서 펼쳐지는 리더십은 결과물의 완성도를 더 높여 준다. 여기까지만 정리해도 팀워크, 리더십, 커뮤니케이션, 문제해결력 등의 소프트스킬이 요구됨을 알 수 있다.

소프트스킬
(출처 : flickr.com)

소프트스킬을 이해하기 위해서는 하드스킬과 차이점을 살펴보면 된다.

하드스킬은 평소 들어봤던 일상적인 스킬이다. 수업 성적, 컴퓨터프로그래밍, 웹디자인, 외국어 스킬과 각종 자격증 등을 말한다. 여기에서 눈여겨볼 것은 한 사람이 토플도 만점 받고 웹디자인도 잘한다고 해서 그 능력이 그 사람 자체를 보여 주는 것은 아니라는 것이다.

영어 성적이 높으면 영어를 잘하는 사람이지,
인간성이 좋은 사람은 아니라는 것이다.

즉, 하드스킬은 어떠한 업무를 수행할 수 있는 능력이다.

한편 사람 자체를 보여 주는 능력과 기술은 소프트스킬이라고 한다.
개인의 고유한 속성과 성격 특성, 의사소통 역량 등을 통합한 것이다.

영어 성적도 높고 웹디자인도 잘하고 의사소통 능력도 좋고 긍정적인 사람은 어떨까? 그냥 영어만 잘하는 기능인이 아니라 유연성과 긍정성을 바탕으로 원만한 대인관계가 예상된다.

"그 사람 어때?"

A. "음… 영어만 잘해."

B. "영어도 잘해!"

당신은 A인가? B인가? 대부분 "영어도 잘하는 사람"이고 싶어 한다.

팀워크에서 '리더십도 잘 발휘하는데 영어까지 잘하다니!' 이런 평판을 듣고 싶어 한다.

이 반응은 하드스킬과 소프트스킬의 연관성을 잘 보여 주고 있다.

외국어, 컴퓨터 프로그래밍, 영상제작, UX 디자인, 앱 개발, 음향 제작 등의 하드스킬을 더욱 빛나게 해 주는 것이 소프트스킬이다.

지금 더욱 빛나는 인간으로 개조되고 싶은가?
균형이 필요하다.
스펙 쌓기에 정신없었다면 이제 정신을 차려라!

당신의 의사소통능력, 유연한 삶의 태도 등 자신을 움직이는 내적 힘을 점검해 봐야 할 시점이다. 그래야 개조가 가능하다.

『역행자』의 저자 손명진 님(자청)의 인생 성공 스토리에서는 성공을 위한 첫 단계를 '자아해체'라고 했다. 20대까지 찌질하게 살던 자청이 월 억대의 자수성가한 사업가로 변화되는 과정에서 가장 먼저 해결해야 되는 것이 자신을 제대로 해체하는 것이었다.

인간이 개조되기 위해서는 자신의 역량을 객관적으로 펼쳐놓을 수 있어야 한다. 바로 자기해체, 자기 객관화의 과정이 필수적이다.

눈으로 보이는 하드스킬을 먼저 정리해 보자.
학벌, 경제력, 신체의 치수 등 숫자로 가시화할 수 있는 것은 객관화하기 쉽다. 하지만 에티켓&매너, 자기관리능력, 커뮤니케이션, 다문화 감수성, 비판적 사고, 문제해결능력, 시간관리, 팀워크, 리더십 등 정량화되지 않는 삶의 기술들은 어떻게 평가할 것인가? 이 같은 소프트스킬에 대한 자기평가는 타인의 평가로도 가능하지만 심도 깊은 자기성찰 후 밝혀질 수 있다.

단지 자신의 민낯을 마주하기가 두렵기 때문에 직면하지 못한다.

  이제 소프트스킬의 각 영역과 직면하길 바란다.

  어제와는 다른 나로 살아갈 수 있는 기회를 놓치지 않길 바란다.

Soft Thinking 2.

1. <u>소프트스킬</u>과 <u>하드스킬</u>의 차이점은 무엇인가?

2. 자신의 하드스킬과 소프트스킬을 정리해 보자.

하드스킬	소프트스킬

■ 이 책의 부록에 있는 소프트스킬 검사를 해 보라. 간단하게 자신의 소프트스킬을 평가한 후 다음 장으로 넘어가길 바란다.

3

왜 소프트스킬이
필요하냐고!

1) 진정한 행복과 성공으로 가는 길

"저는 그 사람과 절대 같이 일을 못 하겠어요."

"상사가 어쩜 그렇게 리더십이 부족한지 팀장님 때문에 저희 모두가 너무 불안해요."

"그 친구가 하는 말이 저에게는 늘 상처가 됩니다."

"매너 없는 고객 때문에 너무 불쾌하고 화가 납니다."

"해외에 주재원으로 와 있는데 문화적으로 맞지 않아 혼자 소외된 기분입니다."

우리는 사람과의 관계에서 이처럼 가장 많은 스트레스를 받는다.

물론 우리를 웃게 하고 감동하게 하는 것도 사람이다.

"저는 그 사람의 한 마디로 위로 받았습니다."

"부장님이 저를 이해해 주시고 믿어 주셔서 잘해 낼 수 있
었습니다."

"우리 조의 팀워크가 좋으니 힘이 납니다."

"정말 막막했는데 제 말을 잘 들어 주고 공감해 주어서 다
시 용기를 낼 수 있었습니다."

행복하기 위해 우리 인간에게 가장 필요한 것은 무엇일까?
돈과 명예, 권력, 건강 등 많은 요인들이 있겠지만 행복을 연구
하는 여러 심리학자들은 원만한 대인관계를 가장 중요한 요소
로 꼽고 있다.

즉 "주변의 사람들과 잘 소통하면서 즐겁게 사는 것이 우리의
행복에 가장 중요하다는 것이다. 더군다나 이것은 우리가 속한
세대나 문화, 성별과는 아무 상관없는 보편적인 현상이다."[2]

우리는 상대방과 갈등이 있을 때 원인이 상대에게 있다고
생각하는 경향이 있다. 영화로 따진다면 나에게 스트레스를

---

2)　내 삶의 심리학(mind http://www.mind-journal.com)

2)　내 삶의 심리학(mind http://www.mind-journal.com)

주는 상대가 '악역'인 것이다. 그렇다면 상대도 나와 같이 생각하지 않을까?

　대부분의 갈등은 서로의 '다름'과 '차이'를 극복하지 못하는 것에서 온다.

　우리가 서로를 위해 그 다름과 차이를 조금씩 줄여 줄 수 있다면 대부분의 갈등은 해결될 것이고 일의 능률도 어마어마하게 올라갈 것이다. 즉, 구성원들의 소프트스킬이 뛰어나다면 조직은 갈등 없이 순조롭게 혁신과 변화로 향하게 된다.

　우리들은 누구나 다른 사람과 잘 지내면서 살고 싶어 한다. 그래야 자신이 행복하기 때문이다. 감성지능과 인성을 갖추었을 때 비로소 내가 가진 능력, 예를 들어 하드스킬(직무역량, 테크니컬 스킬)을 100프로 발휘하고 인정받으며 원하는 것들에도 한걸음 더 가까이 다가갈 수 있다. 아무리 뛰어난 직무역량을 갖췄다 한들 사회생활에 적응하지 못하고 주변 사람들에게 부정적인 평가를 받는다면 쉽게 능력을 인정받을 수 없다.

Soft Thinking 3.

1. 행복을 위한 조건은 무엇이라고 생각하는가?

2. 소프트스킬은 인간의 행복과 어떤 연관이 있는가?

2) 더 나은 나 : bitter to better

사람은 누구나 더 나은 상태로 가길 원한다.

better
형용사 1. 더 좋은(나은) / 2. 더 잘하는

더 좋고 더 잘하는 'better'가 되기 위해 우리는 노력한다.
더 나은 상태가 되기 위해서는 거쳐야 할 단계가 있다. 바로
'bitter'의 단계이다.

bitter
형용사 1. 격렬한 / 2. 억울해하는
명사 쓴맛

인생의 격렬하고 억울한 상황의 쓴맛을 경험해야 더 나은
상태로 갈 수 있다.

상처 받고 아픈 상태의 쓴맛을 꿀꺽 삼킬 수 있는 힘은 어디

서 나오는가?

인간 내면의 보이지 않는 힘 바로 소프트스킬에서 나온다.

로버트 기요사키의 『부자 아빠 가난한 아빠』에서 부자와 가난한 자의 근본적인 차이점은 두려움을 다루는 방식이라고 했다.

"돈을 잃는다는 두려움은 현실적이다. 모두가 그런 두려움을 갖고 있다. 부자들도 그렇다. 그러나 두려움을 갖고 있다는 것은 문제가 아니다. 중요한 것은 두려움을 다루는 방식이다. 실패를 다루는 방식이 인생의 차이를 만들어 낸다."

삶의 여러 순간에서 경험하는 크고 작은 두려움, 갈등, 상처, 억울함 등을 어떻게 다루는가에 따라 다른 삶을 살 수 있다.

다르게 대처하고 싶은가? 소프트스킬을 장착하라!

Soft Thinking 4.

1. 더 나은 자신의 모습을 위해
   지금까지 노력한 구체적인 사례는 무엇인가?

2. 당신이 소프트스킬을 갖춘다면
   앞으로 삶에 어떤 영향을 미칠 것이라고 생각하는가?

3) 인간관계와 소통

학교를 자퇴하고 회사를 그만두는 가장 큰 이유가 무엇일까?

2020년 '사람인'에서 직장인 579명을 대상으로 한 조사결과에 따르면 직장을 그만두는 이유의 81%는 사람 때문이라고 한다. 10명에 8명이 대인관계에서 오는 스트레스로 일을 그만두는 것이다.

그럼에도 불구하고 현대사회에서는 대인관계를 잘하기 위한 공부나 노력에는 충분한 관심을 가지지 않는다.

우리나라 청소년교육을 들여다보자. 통계청과 여성가족부가 발표한 2021년 청소년 통계에 따르면 자살은 2011년부터 청소년 사망 원인 1위를 유지하고 있다. 작년 우리나라 13~18세 청소년이 가장 고민한 문제는 공부(46.5%)였다. 이어 외모(12.5%), 직업(12.2%) 순이었다.

학생들은 진학과 입시에 필요한 영어, 수학 공부는 수면시간이 부족할 정도로 하면서도, 마음 챙김, 문제해결능력, 소통,

스트레스 회복력 강화 등의 필수적인 소프트스킬 교육은 소홀히 하고 있는 게 대한민국 교육의 현실이다. 나도 10대의 자녀를 키우고 있지만 대부분의 어른들은 자녀들의 목소리에 귀 기울이고 공감하는 능력이 부족하다 느낀다.

버락 오바마(Barack Obama) 전 미 대통령이 열변을 토하며 말했다. 오늘날 우리는 '공감 부족'을 겪고 있다고. 악성댓글에 무감각해지고 주변에서 일어나는 비극적인 사고소식도 나와는 먼 이야기로 치부해 버릴 때가 많다. 코로나 시대를 지나오며 온라인 소통에 익숙해져 버린 것도 인간의 공감능력에 도움이 되지 않는다.

이제 우리는 어떻게 관계를 회복하고 소통해야 할까?

그 해답이 바로 소프트스킬에 있는 것이다. 리더십, 공감능력, 소통능력, 경청의 힘, 시간 관리능력, 문제해결능력과 같은 소프트스킬 근육을 단단히 하고 실패를 딛고 일어날 수 있는 용기와 회복력을 키워야 한다.

Soft Thinking 5.

1. 지금 당장 그만두고 싶은 인간관계가 있는가? 왜 그런가?

2. 그 관계를 개선하기 위해서
   본인에게 필요한 소프트스킬은 무엇이라고 생각하는가?

4) 인간역량 개발이 가능하다

"저 사람 정말 괜찮아!"

이런 피드백을 나 자신뿐 아니라 다른 사람들에 관해서도 듣기 힘들다. 그만큼 괜찮은 사람이 잘 없다. 괜찮은 사람이라는 평판은 누가 어떻게 정하는가?

뭔가 기준이 있어야 한다.

우리는 그 기준을 소프트스킬로 보고자 한다.

에티켓&매너, 이미지메이킹, 커뮤니케이션, 다문화 감수성,
비판적 사고, 문제해결능력, 시간 관리, 팀워크, 리더십

각 영역 중에서 본인이 잘하고 있는 것도 있고 못하고 있는 것도 있다.

하지만 하나의 역량이 뛰어나면 다른 부분에 대해서도 영향을 미친다. 소프트스킬은 각 영역끼리 역동성을 발휘하면서 서로 힘을 주고받는 특성이 있다.

한 사람이 '다문화 감수성'이 높다고 하자. 그 사람은 다양한 문화에 대하여 개방되어 있다. 그래서 타인에 대한 선입견이나 편견 없이 진솔하게 사람을 받아들인다. 많은 이들은 이런 사람과 같이 일하고 싶어 한다. 즉, 팀워크에 강하다. 경청하는 태도로 인해 커뮤니케이션도 잘할 것이라 예측되며 예의 있는 태도로 사람들을 대하기 때문에 에티켓과 매너가 좋은 사람이라는 평판을 얻을 수 있다.

소프트스킬은 모두 개발해야 하는 인간됨의 기초 역량이지만 한 영역에서 강점이 발휘되고 있다면 그 영역에서부터 강화시켜 나가면 된다. 이처럼 소프트스킬에서도 '강점혁명'을 적용해 볼 수 있다. 강점혁명은 약점을 보완하는 데에 집중되었던 모든 관심을 강점에 쏟는다면 우리의 삶은 더욱 긍정적으로 달라질 수 있다고 하는 도널드 클리프턴의 개념이다.

그의 책 『위대한 나의 발견 강점혁명』에서는 다음과 같은 말이 나온다.

"강점을 구축하기 위해서는 재능, 지식, 기술이 필요한데, 이 세 가지 중에서 가장 중요한 것은 단연 재능이다. 기술과 지식은 학습과 경험을 통해서 얻을 수 있지만 재능은 타고난 것이기 때문에 재능을 찾아 개발하는 것이 가장 생산적이다."

강점 구축을 위해 재능, 지식, 기술이 필요한데 도널드 클리프턴은 재능을 발견하는 것이 가장 중요하다고 했다. 인간역량의 지표로서 한 사람의 재능도 중요하지만 그 재능이 빛을 발휘하기 위해서는 기술이 필요하다. 그가 이야기하고 있는 기술은 하드스킬로 보인다. 지식, 학습, 경험을 통해 다양한 기술을 익힐 수 있다.

소프트스킬도 그렇다. 다양한 경험을 통해 배울 수 있다.
그래서 희망이 있다.
인간의 인간다움이 향상될 수 있다.
소프트스킬을 단련시킬 때 가능하다.

재능은 나눌 때 빛이 난다
(출처 : flickr.com)

Soft Thinking 6.

1. 자신의 재능과 지식과 기술을 구분하여 서술해 보자.

2. 위 질문에 대한 답변으로 정리한 내용 중에서 소프트스킬에 해당하는
   것은 무엇인가? 그것이 당신의 역량에 어떤 영향을 미치는가?

4

소프트스킬 9
: 소프트스킬의
구성요소

(Soft Skills 9 : The Essential
Components of Soft Skills)

인간 개조를 위한 소프트스킬에는

어떠한 요소들이 포함되어 있을까?

더스틴 모스키비츠(Dustin Moskovitz)와 저스틴 로젠스틴 (Justin Rosenstein)이 2008년에 설립한 아사나(Asana)는 팀이 작업을 구성, 추적 및 관리할 수 있도록 설계된 웹 및 모바일 '작업 관리' 플랫폼이다. 아사나에서는 소프트스킬을 "다른 사람과 함께 일하고 상호작용하는 방식을 나타내는 대인관계 스킬이라고 한다. 이러한 스킬은 종종 팀워크를 발휘하거나 커뮤니케이션을 잘하는 등 업무를 하면서 또는 다른 사람과의 일상적인 상호작용을 통해 습득하는 경우가 많으므로 지금까지 소프트스킬을 개발해 왔다고 인식하지 못할 수도 있다. 소프트스킬은 때때로 스킬이라기보다는 개인적인 특성과 비교

되기도 하지만, 그렇게 생각하면 큰 그림을 보지 못하게 된다. 사실, 소프트스킬은 업무 환경에서 우리가 협업하고 성공을 거두기 위한 토대가 된다."

아사나에서는 소프트스킬의 구성 요소를 다음과 같이 정리하고 있다.

책임 의식, 적응력, 꼼꼼함, 협업 능력, 커뮤니케이션 스킬, 갈등 해결 능력, 창의력, 비판적 사고, 정서 지능, 공감 능력, 유연성, 혁신 능력, 리더십, 체계성, 끈기, 대인관계 스킬, 문제해결능력, 책임감, 자각력, 전략적 사고, 팀워크, 시간 관리, 직업윤리

아사나는 기업의 업무와 협업을 중심으로 소프트스킬을 구성하고 있기에 인간 개조 프로젝트 : 소프트스킬 9의 구성요소에서는 보다 일반적인 요소들을 중심에 두었다.

고용노동부 홈페이지 워크넷 '미래인재로 살아남기'에서 보면 지식, 기술, 정보 등이 빠르게 변화하는 환경 속에서 기업들은 '하드스킬'뿐만 아니라 직무능력을 효과적으로 발휘하도록

하는 '소프트스킬(soft skills)'에 주목하고 있다.[3] 흔히 '스펙'이라 불리는 것은 직무에 대한 진문 지식과 능력 등의 '하드스킬(hard skills)'이다. 이제 미래인재의 소양으로 직무능력을 효과적으로 발휘하도록 하는 '소프트스킬(soft skills)'에 주목하고 있다. 소프트스킬이란 의사소통능력, 팀워크능력, 문제해결능력 등 개인이 보유하고 있는 고유한 속성, 성격 특성을 말한다. 여기서 말하고 있는 소프트스킬의 내용은 다음과 같다.

의사소통능력, 리더십, 팀워크, 유연성, 문제해결능력

아사나에서 언급한 소프트스킬 내용에 다 포함되어 있는 구성요소이다.

가치 있는 인간적 요소를 다 소프트스킬이라고 할 수 있다. 하지만 모든 걸 다 포함시킬 수는 없다. 소프트스킬에 대한 여러 논의 중에서 우리는 Soft Skills AHA[4]에서 10가지로 정리한 것들 중에서 한국적 상황에서 일반화할 수 있는 9가지로 정리

---

3)   워크넷홈페이지(https://www.work.go.kr/empSpt/empTrend/empTrend2020. do?pageCode=3#)

4)   https://www.softskillsaha.com

해 보았다.

① 에티켓&매너(Etiquette&Manners)

② 이미지메이킹(Image-making&Self-care)

③ 커뮤니케이션(Communication)

④ 다문화 감수성(Diversity&Culture)

⑤ 비판적 사고(Critical Thinking)

⑥ 문제해결능력(Problem Solving)

⑦ 시간 관리(Time Management)

⑧ 팀워크(Teamwork)

⑨ 리더십(Leadership)

인간 개조를 위해서는 9가지 구성요소 중에서 하나라도 빠져서는 안 된다.

각각의 소프트스킬이 균형감을 가지고 실제 삶에 적용될 때 인간다운 인간이 된다.

Soft Thinking 7.

1. 당신이 생각하는 소프트스킬의 요소는 무엇인가?

2. 에티켓&매너, 이미지메이킹, 커뮤니케이션, 다문화 감수성, 비판적 사고, 문제해결능력, 시간 관리, 팀워크, 리더십 9가지 소프트스킬 중에서 가장 핵심적인 스킬의 요소 2가지를 선택해 보고 왜 그렇게 생각하는지 정리해 보자.

1) 에티켓&매너(Etiquette&Manners)

'에티켓과 매너의 차이점이 뭘까?'

에티켓은 예의의 유무를 말해 주는 형식이라면, 매너는 그것을 표현하는 방식이라고 볼 수 있다. 예를 들어, 은행에서 자기 차례를 기다릴 때 순번 대기표를 뽑고 차례를 기다리는 것이 에티켓이다. 뒤에 온 사람이 몹시 급해 보여서 내 차례를 양보해 주거나 짜증을 내지 않고 기다리는 것이 매너이다. 공중화장실을 사용할 때 문이 닫혀 있으면 먼저 노크를 하는 것이 기본 에티켓이다. 본인의 볼일이 급하다고 해서 문이 부서져라 두드리는 것은 매너에 어긋나는 행동이다. 나의 상태도 중요하지만 상대방을 배려하여 가볍게 노크하는 것이 매너인 것이다.

상대방에게 심한 불쾌감을 주거나 직접적인 피해를 주는 사람들은 매너의 문제가 아니라 대부분 기본 에티켓을 갖추지 못한 것이다. 혼자 사는 세상이 아니므로 질서를 파괴하지 않고 타인을 존중하며 폐를 끼치지 않기 위한 에티켓은 선택이 아닌 필수이다. 매너 또한 남과 잘 어울리고 함께 살아가기 위한 중요한 기술이며, 각 개인의 경쟁력이라 할 수 있다.

21세기 세계화 시대에는 에티켓과 매너가 글로벌 비즈니스 예절로 영역이 확장되며 그 중요성이 강조되고 있다. 왜냐하면 나라마다 기본 예의라고 생각하는 부분들이 매우 다를 수 있기 때문에 본의 아니게 실수를 범하게 되는 일이 생길 수 있고 그것이 부정적인 인상과 편견으로 이어질 수 있기 때문이다. 예를 들어 우리나라에서는 면을 먹을 때 후루룩 소리를 내서 먹는 것이 예의에 벗어나는 행동이 아니지만 서양 대부분의 국가에서는 이처럼 소리 내어 먹는 것이 예의가 아니라고 여긴다. 제스처의 차이도 중요하다. 우리나라를 포함한 많은 나라에서는 모든 것이 다 좋다, 원만하다는 의미로 엄지와 검지를 동그랗게 말고 나머지 손가락은 위로 펴는 동작인 '오케이' 사인을 만드는데, 이 제스처가 프랑스에서는 '쓸모없다'는 의미로, 브라질과 베네수엘라, 터키 등을 포함한 다수의 나라에서는 더 부정적인 의미로 사용된다.

문화의 차이를 떠나 세대 간 매너의 차이도 있다. 예를 들어 과거에는 남자가 데이트 비용을 모두 부담하는 것이 매너라고 여겼지만 요즘은 여자가 비용의 일부분을 부담하거나 더치페이를 하는 것을 매너 좋은 행동이라고 생각하는 사람들이 많아졌다.

에티켓과 매너는 일상생활에서 개인의 첫인상을 결정짓는 요소가 되고 사람의 품격을 낮추거나 높여 주기도 한다. 비즈니스에도 큰 영향을 미치므로 개인의 필수 덕목이자 능력으로 간주되고 있다. 특히 서비스 업종에서는 에티켓과 매너가 고객 만족과 매출로 직결되기 때문에 사업의 성패를 좌우할 만큼 중요한 소프트스킬 중 하나이다.

매너 강의를 하러 가 보면 사회성이 부족해서 다른 사람들의 감정을 헤아리거나 타인과 친밀도를 유지하는 데 어려움을 겪는 경우를 보는데 이런 경우는 에티켓이 아니라 매너가 부족한 경우가 대부분이다. 이런 케이스들은 매너 교육과 개인의 노력으로 충분히 개선이 가능하다. 물론 어릴 때부터 자연스럽게 에티켓과 매너가 몸에 배어 있는 사람들보다 훨씬 더 많은 시간과 노력이 필요하겠지만 자아인식(Self-awareness)을 통해 자신의 강점은 물론 부족함과 약점을 인식한다면 어디서나 환영받는 더 세련된 매너를 장착할 수 있을 것이다.

그리고 나의 매너는 내가 속한 조직의 이미지에도 상당한 영향력을 미칠 것이다. 예의를 갖추고 호감을 주는 행동과 말투를 사용했을 뿐인데 그것만으로 대체 불가한 가치 있는 조직원이 될 수 있는 것이다.

매너는 상대를 향한 배려이다. 남에게 폐를 끼치지 않는 데서 더 나아가 호감을 주고 존중을 보여 주어야 한다. 이것은 아무리 강조해도 지나치지 않고 어릴 때부터 가정에서 학교에서 학습되고 축적해 나가는 것이 중요하다.

나만 편하면 된다는 개인의 이기심을 충족하기 위해 에티켓과 매너를 무시하는 사람은 어디를 가도 환영 받을 수 없다. 다시 말하지만 **매너는 경쟁력**이다! 긍정적인 인상을 남길 수 있는 가장 경제적인 방법은 에티켓과 매너이다.

긍정적인 인상을 남기는 에티켓과 매너
(출처 : freepik)

Soft Thinking 8.

1. 최근 만난 사람들 중에 에티켓과 매너가 좋은 사람은 누구였는가?
   그 사람의 구체적인 태도에 대하여 설명해 보라.

2. 나만의 경쟁력 있는 매너는 무엇인가?

2) 이미지메이킹(Image-making&Self-care)

외모지상주의 사회를 비판하는 목소리를 들어본 적 있을 것이다.

'나는 왜 저 사람의 외모를 보고 판단할까? 난 정말 속물이다.'라고 자책해 본 적 있는가? 하지만 그것이 기본 값이다.

진리이다.

"사람은 인간의 외모를 보지만 신은 인간의 중심을 본다."[5]

당신이 인간의 외모가 아닌 중심을 먼저 본다면 당신은 신의 경지에 이른 것이다.

모든 사람은 인간의 중심을 보기 전에 그의 외모를 먼저 본다.

그 외모를 보고 중심을 판단한다. 어떤 사람인지 외모로 판단된다.

그래서 소프트스킬에서도 자신만의 이미지메이킹을 위한 기술이 중요하다.

5) 구약성서 사무엘상 16장 7절

어쩌면 소프트스킬의 모든 영역이 이미지메이킹에 포함되지만 보이는 자신의 모습 즉, 외모, 말투, 손동작, 발동작, 자세, 옷 입는 스타일 등 표면적 이미지의 영역도 중요하다. 이런 영역은 하드스킬이 아니냐고 반박할 수도 있지만 보이는 자신의 모든 이미지는 소프트스킬에서부터 흘러나온다.

이미지메이킹은 사전적 의미로는 **"다른 사람이 어떤 대상을 보거나 생각할 때 갖게 되는 인상을 의도적으로 만들어 내는 일"**이라고 볼 수 있다.

소프트스킬을 장착시켰을 때와 아닐 때의 차이점은 나 자신의 의미와 가치를 표면적으로 구성할 수 있는가 아닌가의 차이일 것이다.

이미지는 대상에 대해 감지된 정보가 마음속에서 정보처리의 과정을 거치며 재구성되어 만들어지는 형상이다. 어떤 사람이나 사물에 대해 가지는 시각상이나 기억, 인상, 평가 및 태도의 총체이다.

소프트스킬에서 이미지가 중요한 이유는 인간의 심리적 정서적 특징을 표현할 수 있는 외적 요소이기 때문이다. 한 사람에 대한 평판과 인식은 이미지로 판단된다.

'지금 어떤 자세로 있는가?', '어떤 옷을 입고 있는가?', '헤어 스타일은?', '어떤 말투로 사람을 대하는가?', '어떻게 걷고 있는 가?', '어떤 스타일로 웃는가?' 등 모든 형상들의 총합이 나 자신 이다.

먼저 지금의 나를 객관적으로 보는 작업이 먼저 필요하다. 즉, 자기해체가 제대로 되어야 한다. 처음엔 받아들이기 어려 울 수도 있다. 10년 혹은 20년 넘게 몸에 베인 습관과 이미지 를 바꾸는 것은 힘든 작업이다. 하지만 더 나은 내가 되기 위해 서는 이겨 냄의 시간이 필요하다.

자기해체를 통해 자신의 장점을 찾아 더 발전시키고 단점을 보완하여 다른 사람과 차별화된 나로 만들어 가는 것이 이미 지메이킹의 핵심이다.

다음 페이지의 그림은 이미지메이킹의 개념을 총체적으로 보여 준다. 사람의 외모, 자세, 행동, 표정, 말투는 그 사람 내 면의 정신, 생각, 감정, 욕구, 습관을 대변해 주는 것이다.

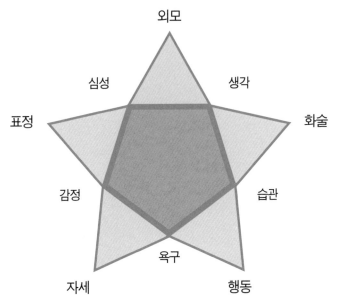

이미지메이킹의 개념과 구성요소
(출처 : https://nicksstory.tistory.com/210)

거울을 보고 자신을 똑바로 처다보라! 보이는 그 모습이 당
신 그 자체이다. 자신의 표면적 이미지를 개선하기 위해서 컬
러감각을 익히고 새로운 패션으로 바꾸는 것보다 내면의 것들
을 변화시키면 외면 또한 개선될 것이다. 여기서 개선이란 명
품을 걸치거나 새로운 헤어스타일로 바꾸는 것이 아니다. 이
미지의 개선은 진정한 자신의 가치와 남과는 다른 자신의 개
성을 드러내는 소프트스킬적인 변화이다.

Soft Thinking 9.

1. 자신의 첫인상에 대하여 스스로 평가를 해 보고
   타인의 피드백과 어떠한 차이가 있는지 생각해 보라.

2. 남과 다른 자신만의 차별성은 무엇인가?

3) 커뮤니케이션(Communication)

"집단의 몰입이 이뤄지려면 구성원들 사이에서 끊임없이 대화가 이어져야 한다."[6]

의사소통능력은 점점 더 중요해지고 있다. 같은 이야기라도 누가 어떤 방식으로 전달하는 가에 따라서 기분이 상하기도 하고, 위로 받기도 한다.

커뮤니케이션에 관심이 있다면 메라비언의 법칙에 대하여 들어 보았을 것이다.

1971년 캘리포니아대 심리학과 명예교수 앨버트 메라비언이 발표한 커뮤니케이션 이론에 따르면 상대방에 대한 인상이나 호감을 결정하는 데 있어서 목소리는 38%, 보디랭귀지는 55%의 영향을 미치는 반면, 말하는 내용은 겨우 7%만 작용한다고 한다.

내가 가끔 가는 집 앞 카페의 직원은 늘 '환영합니다~'라고

6)　스티븐 코틀러(2021), 『멘탈이 무기다』, 세종

인사를 하지만 표정과 목소리 톤은 항상 피곤에 절어 있고 고객이 들어올 때 쳐다보지도 않는다. 카페를 나갈 때 전하는 '감사합니다'라는 인사도 마찬가지다. 아무리 좋은 말을 한들 표정과 태도, 목소리에서 느껴지는 진정성이 없다면 기억에 남지 않는다.

소통의 중요한 요소 중 하나는 경청의 힘이다. 21세기 사람들은 말하는 능력보다 듣는 능력이 현저히 부족하다. 기술의 발전으로 핸드폰에 의존도가 높아지면서 상대방의 이야기를 들으면서도 쉽게 산만해지는 것을 볼 수 있다. 진정한 대화와 소통을 원한다면 핸드폰부터 넣어 두어야 한다. 핸드폰이 서로의 앞에 놓여 있는 한 마주 앉은 사람에게 오롯이 집중하기는 어렵다. 회의실, 카페, 학원 등 주변을 둘러보면 상호소통보다는 각자의 핸드폰을 앞에 두고 각기 다른 이야기를 하고 있다. 이런 현상은 코로나19 상황을 겪으면서 더 심각해졌다. 결국 관계의 단절이 익숙해져서 소통하지 못하는 상황을 인지조차 하지 못하고 있다.

'Active Listening'은 'Hearing'과는 전혀 다른 의미이다. Hearing은 그냥 듣는 것이다. 들으려고 노력하지 않아도 들리는 것이다. Listening은 좀 더 화자에게 집중해서 듣는 것인데, Active Listening(능동적 듣기)은 단어 자체로도 느낌이 오겠지만 조금 더 교감하며 경청하는 것이다. 상대방의 말을 끊지 않고 순간에 집중하며 잘 들어 주는 것만으로도 소통의 레벨을 높일 수 있다. 판단은 보류하자. 충분히 듣고 내 관점과, 생각, 의견을 말해도 늦지 않다. 눈을 바라보고 고개를 끄덕여 주며 추임새를 넣어 주는 등 잘 듣고 있다는 리액션을 해 주는 것도 소통에 도움이 된다. 그리고 불확실하거나 모호한 내용에는 질문을 하고 확인을 하라. 혼선을 방지할 수 있다.

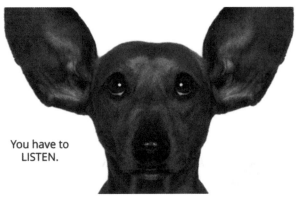

Hearing이 아닌 Listening해야 한다
(출처 : Soft skills AHA)

내가 할 말에만 집중하고, 화를 내고 소리 지르는 것은 소통이 아니다. 그런 식의 대화법은 사람들을 멀어지게 만든다. 한근태는 『재정의』에서 소통이란 "글자 그대로 서로 통하는 것이다. 내 생각을 잘 표현하고 다른 사람 의견을 잘 들을 수 있어야 한다. 수신기와 발신기 둘 다 작동을 잘해야 한다"라고 정의했다. 상호작용의 중요성을 강조한 것이다. 일방향적인 작용이 아닌 쌍방향적 작용을 뜻한다.

소통의 또 다른 비밀무기는 바로 '공감'이다. 공감한다고 동의한다는 건 아니다. 하지만 상대의 마음과 생각과 입장을 존중해 주고 이해해 주는 것이다. '그 상황에서 참 힘드셨겠어요', '저라도 난감했을 것 같아요' 이런 공감의 말들이 마음이 빗장을 풀 수 있다는 것을 기억하라.

공감은 비즈니스에도 중요한 스킬이다. 공감할 줄 아는 기업은 고객의 니즈와 원츠를 잘 파악한다. 그리고 그것이 곧 비즈니스의 성공으로 이어진다.

조직에서 문제가 있을 때 경청과 공감의 마인드로 대화에 참여한다면 팀원들에게 좋은 아이디어나 영감을 얻을 수 있고 문제해결도 훨씬 더 수월해질 것이다.

그래도 도움이 되고 싶은 마음에 먼저 조언하고 싶고, 내 의견을 말하고 싶다면 '내면의 입마개'를 착용하라. 끼어들고 싶고 먼저 말하고 싶을 때마다 입마개를 하고 있다고 상상만 해도 도움이 될 것이다. 먼저 끝까지 듣고 발언하는 사람이 내가 될 수 있도록 노력해 보자.

'내면의 입마개'를 착용하라!
(출처 : flickr.com)

Soft Thinking 10.

1. 대화를 계속하고 싶은 상황과
   그만두고 싶은 상황의 차이점을 정리해 보라.

2. 탁월한 커뮤니케이션을 하기 위해 필요한 행동은 무엇인가?

4) 다문화 감수성(Diversity&Culture)

다문화 감수성이란 "문화적 차이를 가진 타자를 이해하고 공감하는 능력을 일컫는다. 오늘날 세계화와 더불어 다문화 사회로의 진전이 가속화하고 있는 상황에서, 정체성을 찾고 문화적 차이를 유연하게 받아들일 수 있는 열린 감수성과 다른 문화에 대한 관용적 자세를 포괄하는 다문화적 감성과 역량은 새로운 다문화 환경에서 강조될 수 있는 시민적 자질이자 조직전문가의 중요한 역량 중 한 요소라고 볼 수 있다."[7]

쉽게 정리하면, 나와 다른 너를 이해하는 능력이라고 볼 수 있다. 이를 위해 필수적인 것이 '개방성'이다. 나와 다른 너를 받아들이는 역량이 필요하다.

한근태 교수는 "개방은 열려 있는 마음이고 낯선 것과 나와 다른 것에 너그러운 마음이라고 정의 내리고 있다. 다문화 감수성을 갖기 위한 첫 걸음이 바로 개방하는 것이다. 낯선 너를

---

7) 네이버 지식백과 다문화역량[多文化力量, Cross-Cultural Competency] (HRD 용어사전, 2010. 9. 6., (사)한국기업교육학회)

받아들일 수 있는 힘은 개방에서 나온다."라고 했다. 낯선 어떤 것에 대하여 얼마나 개방적인지 아닌지 점검해 보아야 할 것이다. 그렇다고 무조건 열어 놓고 보는 것을 의미하는 것은 아니다. 균형감 있는 개방이 필요하다. 우선 상대가 품고 있는 경계심의 정도를 파악해야 한다. 나의 개방을 수용할 수 있는 상대방의 수용성을 생각하고 개방을 해야 한다.

'개방이 뭐 그리 힘드냐?'고 질문을 던질 수 있다. 생각보다 안쪽 문을 꼭꼭 걸어 두고 살아가는 사람들이 많다. 그러면서 바깥문이 잠겨서 열지 못한다고 착각을 한다. 타인에게 책임이 있다고 생각한다. 그렇기 때문에 개방은 까다로운 것이다. 내가 개방적이라고 해서 타인이 개방되어 있다고 생각해서는 안 된다. 나의 개방을 지혜롭게 알리는 것이 필요하다.

'그 사람이 외국인이라', '그 사람 성격이 좀 그래서', '그 사람은 안 통해', '그 사람은 까칠해서 다가가기 힘들어' 등 개방 못하는 원인을 타인에게 두고 있는 경우가 많다.

다문화 감수성은 타인에게 다가갈 수 있는 에너지의 근원을 자신에게 두고 먼저 개방하는 자세를 의미한다. 무조건 다가가서 손 내미는 성급함이 아니라 내가 먼저 나를 개방해서 낯선 문화가 내게 다가올 수 있는 기회를 주는 것이다. 이것이 지혜로운 개방이다. 무작정 다가서는 것은 더 큰 불편을 줄 수 있다. 예를 들어 사춘기 청소년들에게 다가서려고 할 때 지혜가 필요하다. 친해지려고 막무가내로 반말을 하거나 그들이 쓰는 은어를 상황에 맞지 않게 쓰거나 억지 미소로 다가서는 것은 금물이다. 그들은 다 안다. 억지로 개방하려는 당신의 노력을 말이다. 그들의 문화에 다가서기 위해서는 시간이 필요하다. 눈 맞춤도 시간이 필요하다. 뚫어져라 쳐다보면 공격당한다고 생각할 수도 있다. 은근슬쩍 쳐다보라. 청소년들의 문화에 다가서기 위한 쉬운 방법이다.

나눔과 상호이해가 다문화에 대한 표현방식이다
(출처 : Soft Skills AHA)

문화는 틀림이 아닌 다름으로 이해해야 한다. 다문화 감수성은 내면에 감춰진 덕목이 아니다. 자신의 개방성과 타인에 대한 배려를 표현하는 것이 진정한 다문화 감수성의 실천이다.

다문화에 대한 표현방식은 나눔과 상호이해이다.

소소하지만 다양한 차이 중 하나는 자기소개 할 때 보이는 문화 차이이다.[8]

① 실리콘밸리 회사 사람들은 보통 자기소개를 할 때 자신이 하는 일이나 담당하는 업무 이야기를 한다.
② 한국 회사에서 오신 분들은 보통 자신의 직급을 이야기한다.
③ 일본 회사에서 오신 분들은 보통은 자신이 누구 밑에서 일하는지 이야기를 한다.

직급보다는 내가 담당하는 일을 중요하게 생각하는 미국 실리콘밸리의 회사들의 문화와, 자신의 직급이나 속한 조직이 중요한 아시아 회사의 문화 차이를 잘 보여 주는 예이다.

---

8) 문화 차이 블로그 : 다양한 크고 작은 차이들(https://www.mickeykim.com/98)

다문화에 대한 이해를 집단주의와 개인주의의 관점으로 보면 다른 나라 사람들의 행동 양식을 이해할 수 있다. 예를 들어 대부분의 북유럽 사람들은 개인의 사생활을 보호받기 원한다. 자기 영역을 침범당하는 것을 불편해한다. 불필요한 신체 접촉이나 개인의 정보에 해당하는 나이, 결혼 여부 등에 대한 질문을 부적절하다고 생각한다. 하지만 우리나라의 경우 첫 만남에서 "몇 살이에요?", "몇 학번이에요~?" 같은 개인적인 질문을 던지는 것이 자연스럽다. 그리고 이야기 도중 공감의 표시로 상대방의 어깨를 가볍게 친다든지 팔짱을 낀다든지 등의 행동을 스스럼없이 한다.

이런 행동을 북유럽 사람들에게 한다면 어떤 반응일까? 물론 개인의 차이는 있겠지만 대부분의 사람들은 당황스러워할 것이다.

이처럼 다문화 감수성은 각 나라의 문화뿐 아니라 조직과 조직, 직업의 차이, 개인의 문화에서도 차이를 볼 수 있다. 그렇기에 각각 다른 나라와 조직과 타인에 대한 편견과 선입견을 지우는 것이 중요한 과업이다. 내가 생각한 그것이 적용되는 일은 거의 없다. 그들의 문화에 대한 관심과 관찰이 우선되어야 한다.

　다문화 감수성의 시작은 편견 없는 관심과 관찰 그리고 개
방과 공감에서 시작된다.

Soft Thinking 11.

1. 개방이 다문화 감수성에 어떻게 작용하는지 설명해 보라.

2. 자신의 다문화에 대한 인식과 표현 방식은 어떠한가?
   구체적으로 기술해 보라.

5) 비판적 사고(Critical Thinking)

비판적 사고는 호기심과 질문에서 시작된다.

비판적 사고가 왜 중요한지 모르는 사람들도 많이 있다.

일단 '비판적'이라는 단어를 남을 지적하고 비난한다는 부정적인 의미와 연결하는 경우가 있는데 비판적 사고 능력은 모든 정보를 수동적으로 받아들이는 것이 아니고 스스로 옳고 그름을 판단하고 생각을 논리정연하게 하여, 정보를 분석하는 스킬이다.

간단히 말해서 개인적인 편견이나 감정, 주관적인 의견에서 벗어나 합리적으로 생각할 수 있는 능력이다.

다수의 의견을 따르고 주어진 정보를 그대로 받아들이는 경향이 있는 우리나라의 문화에서 이 소프트스킬 영역을 키우는 것이 쉽지만은 않다. 그대로 지시를 받아들이거나 예전의 사례에 의존하는 것이 더 빠를 수도 있다. 그러나 근거와 이유를 분석하지 않는다면 잘못된 선례를 그대로 따라가기가 쉽다.

토론과 논쟁이 익숙한 서양의 교육과 달리 우리나라는 정답을 찾는 입시 위주, 결과 중심의 교육환경이라 비판적 사고를 기르기에 이상적이지 않은 것이 현실이다. 정답도 중요하지만 그것을 찾는 과정을 즐길 수 있어야 한다. 그래야만 스스로 생각하고 고민하는 힘이 생긴다. MZ 세대의 특징이라고 하는 '조급함'도 결국 어릴 때부터 빠른 정답과 모범답안을 기대하는 사회적 환경에서 자란 결과물이라고 본다.

비판적 사고 스킬을 키우면 정보분석능력이 향상되고 문제를 해결하고 결론을 도출하는 데 있어 큰 도움이 된다. 답과 정보를 외우기보다는 스스로 생각하는 힘을 길러야 한다. 열정을 가지고 접근하는 모든 일들의 출발점은 '호기심'을 가지는 것이다. '왜'를 묻고 관찰하고 합리적 결정에 필요한 데이터를 모으고 사용할 수 있어야 한다.

대학에서 학생들을 가르칠 때 의도적으로 잘못된 내용을 강의에 포함한 적이 있었다. 학생들이 바로 발견해 주고 질문해 주길 바랐는데 너무나 당연하게 그대로 필기하는 모습을 보고 왜 그랬는지 물어보았다. 몇몇 학생들은 교수님이 가르쳐 주시는 내용은 당연히 다 맞을 거라는 신뢰가 있었다고 했고, 어떤 학생들은 잘못됐다 생각했지만 내가 교수이기 때문에 본인들의 지식에 확신이 없었다고 했다. 비판적 사고 능력을 키우기 위해서는 학생들이 궁금해하고, 호기심을 가지고, 때론 의심도 해 보고 거침없이 이의를 제기하고 질문할 수 있는 교육 환경이 만들어져야 한다고 생각한다.

스탠포드 대학의 저명한 심리학 교수 캐럴 드웩은 성장형 마음가짐(Growth Mindset)의 중요성을 이야기했다. 고정형 마음가짐을 가진 사람들과 달리 성장형 마음가짐을 가진 자들은 호기심을 가지고 질문하며 오래 몰입해서 더 다양한 문제 해결 전략을 동원한다는 것이다.

선부른 판단과 결정보다는 열린 마음으로 모든 문제를 접근하고 충분히 관찰한 후 증거와 결론을 뒷받침하여 최선책을 찾는 소프트스킬인 '비판적 사고'는 이 시대가 요구하는 필수 역량 중 하나라고 볼 수 있다.

미국의 인권 운동가였던 마틴 루터 킹(Martin Luther King Jr., 1929~1968) 목사는 "교육은 거짓에서 참을 분간하고 허위에서 사실을 판별할 수 있도록 근거를 거르고 따져 볼 수 있는 능력을 길러 주어야 한다. 교육의 기능은 철저하게 그리고 비판적으로 생각하도록 가르치는 것이다"라고 주장했다.[9]

---

9)　교육플러스e뉴스통신(http://www.edpl.co.kr)

비판적 사고
(출처 : flickr.com)

　비판적 사고는 개인이 스스로 만들 수 있는 것이 아니다. 가정교육과 사회적 환경이 함께 뒷받침되어야 한다. 특히 입시 위주, 경쟁 중심의 사회구조에서는 유연한 비판적 사고가 힘들다. 정형화된 사회의 인식에 매몰되지 않는 각자의 생생한 비판적 사고가 살아 숨 쉴 수 있는 환경을 만들어 주어야 한다.

　특히 직장 생활에서 자유롭고 비판적인 사고를 펼칠 수 있는 조직문화를 만들어야 한다. 창의적인 조직문화를 위해서는 두려움 없이 아이디어를 낼 수 있는 기회를 제공해야 한다. 직장이라는 조직뿐만 아니라 사회의 가장 기초 단위인 가정과 학교 등 모든 조직에서 비판적 사고에 대한 인식이 필요하다.

가부장적인 가정에서 양육된 사람은 다른 조직에서도 기를 펴지 못한다. 유연하고 비판적인 사고는 누적된 결과물이다.

Soft Thinking 12.

1. 비판적 사고는 실생활에 어떤 영향을 미치는가?

2. 비판적 사고를 가질 수 있는 구체적인 방법은 무엇이라고 생각하는가?

6) 문제해결능력(Problem Solving)

　위대한 위인은 어떤 사람인가? 여러 정의가 있겠지만 위대한 위인은 그 시대의 문제를 해결한 사람이라고 생각한다. 문제해결능력은 일상을 위인으로 만들어 주는 마법이다.

　한글 문서 프로그램을 처음 다뤄 본 사람들은 한 번씩은 겪었을 상황이 있다. 바로 문서가 갑자기 사라지거나 눈에 안 보여서 당황하는 일이다. 처음엔 기가 차서 경황이 없다가 한글 문서 프로그램을 먼저 사용해 본 사람이 다가와서 손가락 한 개로 해결해 준다. 바로 '되돌리기' 기능이다. 열심히 작업한 나의 결과물이 사라졌다고 생각했는데 되돌리기 한 방으로 나의 문제를 해결해 준 한글 문서 활용 능력자는 그 순간엔 나의 영웅이다.

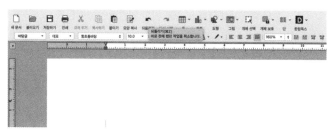

되돌리기 기능이 있다!
(출처 : 한글프로그램)

이처럼 문제해결능력은 '숙달과 단련'에서 나온다. 문제해결 능력이 높다고 하면 창의성도 높다고 본다. 그래서 '창의적 문제해결력'이라고 한다. 창의성은 그냥 바로 툭 튀어 나오는 게 아니다. 한글 문서 활용 능력이 높아야 되돌리기가 눈에 보이는 것처럼 한 분야에서 전문성을 갖기 위한 적절한 시간이 필요하다. 창의적 문제해결력을 높이기 위해서는 견뎌야 한다.

문제해결능력자가 되기 위해서는 어디에 몰입할 것인지 선택해야 한다. 본인의 전문적 창의성이 발휘되기 위한 발효의 시간이 필요하다. 또한 문제해결능력은 다양한 경험과 학습을 통해 가능하다. 번뜩이는 아이디어는 시간과 경험의 합이 만들어 낸 열매이다.

문제해결능력을 향상시키기 위해서는 다양한 방법을 활용할 수 있다.

창의적 문제해결법 도출을 위한 일반적인 방법론[10]

① TRIZ 발명적 문제해결 이론(Theory of Inventive Problem Solving, TIPS)이다. 겐리후 싸울로비추 알트슐레르(Genrikh Saulovich Altshuller)와 그의 동료에 의해 20만 건의 특허들을 분석해서 도출되었다. 이는 특히 특허를 받을 수 있게 하기 위한 개발에 유용하다.

---

10)   https://ko.wikipedia.org/wiki/창의적_문제해결

② 마인드맵(mind mapping)은 사실관계, 상황 등을 재설정하여 창의
적 발상을 돕는 방법이다.
③ 브레인스토밍은 새로운 아이디어를 많이 얻어 내기 위한 그룹 활동
이다.

소프트스킬을 활용한 역동적인 문제해결방법

디자인씽킹프로세스[11]

고객의 니즈를 찾기 위한 공감기법을 활용한 디자인 씽킹 프로세스이
다. 서비스 디자인은 디자인 사고를 중심으로 혁신을 끌어내는 방법론
이다. 서비스 디자인 씽킹 프로세스는 콘텍스추얼(Contextual) 즉, 맥
락적 조사를 통한 고객 통찰을 중심으로 디자인 사고를 행동으로 구현
하는 인간 중심의 구조적 접근법을 의미한다.
서비스 디자인 씽킹 프로세스는 크게 보면 전반부에서는 고객의 니즈
를 찾기 위한 공감 기법을, 후반부에서는 콘셉트 개발을 위한 프로토
타이핑을 흔히 강조한다.

디자인 씽킹 프로세스를 설명한 더블 다이아몬드 모델. 확
산과 수렴 과정의 반복이 두 개의 다이아몬드가 연결된 형태
로 표현된다.

---

11)   서비스 디자인 씽킹, 생각을 구체화하고 실행하는 방법(출처: 한빛 미디어 블
로그. 블로그 저자의 허락을 받고 인용함)

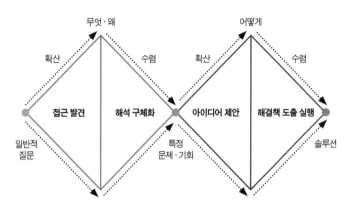

서비스 디자인 씽킹, 생각을 구체화하고 실행하는 방법
(출처 : 한빛 미디어 블로그)

문제해결을 위한 다양한 방식이 있으며 각 문제에 따라 해결방식이 다르다. 효과적인 문제해결을 위해서는 문제해결 방법에 대한 이해가 필요하고 각자의 목표에 맞는 문제해결 방식을 선택할 수 있다.

이를 위해서는 일상적인 방식의 해결 방안이 아닌 새로운 방식을 도전해 보아야 한다. 다른 각도로 생각해 보기, 타인의 시선으로 바라보기, 사용자의 관점으로 접근하기 등 늘 해 오던 방법이 아닌 낯선 방법을 시도해 보는 것에서부터 창의적 문제해결력의 개발이 시작된다.

Soft Thinking 13.

1. 창의적으로 문제를 해결한 구체적인 사례가 있는가?

2. 문제해결을 위한 다양한 방식 중에서 알려 주고 싶은
   효과적인 방식은 무엇인가?

7) 시간 관리(Time Management)

'시간을 지배할 줄 아는 사람은 인생을 지배할 줄 아는 사람이다.'

- 에센 바흐

하루 종일 책상 앞에 있었는데도 왜 과제가 완성되지 않았는지, 밤늦게까지 야근을 했는데도 왜 피곤하기만 하고 할 일은 여전히 쌓여 있는지…. 누구나 한 번쯤은 시간 관리의 실패로 괴로워하고 좀 더 생산적으로 시간을 쓸 방법에 대해 고민해 본 적이 있을 것이다.

시간 관리는 일하고 공부하는 시간을 늘리는 것이 아니다. 짧은 시간에 몰입해서 효율적으로 해야 할 일들을 잘 마무리 짓는 것이 시간 관리의 기술이다.

과거에는 오랜 시간 일하고 학습하는 것을 성실함으로 여겼다. 하지만 이제는 장시간의 성실함보다는 효율성이 유능함으로 인정을 받는 시대이다.

내가 코칭하고 있는 한 후배는 정말 열심히 산다. 새벽 5시 기상 루틴부터 매달 5권 책 읽기, 운동, 토론 모임 등 아주 다양한 자기 계발을 하고 있다. 많은 시간을 들이고 있지만 시간 대비 긍정적인 결과를 얻지 못하고 있다. 그는 늘 시간에 쫓기고 있다. 참 안타까운 일이다. 반면 나는 다섯 시간 동안에 할 일을 한 시간 만에 해치우는 방법을 알고 있다. 시너지를 극대화할 수 있는 환경을 만들어 몰입하기 때문이다. 이 방법을 깨우치기까지 10여 년의 시간이 걸렸다. 이제는 효율적인 시간 관리 방식에 대해 전달하고 싶다.

효율적인 시간 관리는 자신의 생체리듬을 파악하고 효율적인 시간 관리에 돌입하기 위한 휴식에서부터 시작된다. 남들이 새벽 루틴을 한다고 해서 자신에게도 맞는 것은 아니다. 시간 관리를 잘하지 못하는 사람들의 공통점은 쉴 때 몸과 마음이 온전히 휴식하지 못하는 것이다. 시간을 효율적으로 쓰기 위해서는 완전한 회복과 리셋 또한 필요하다. 신경외과 연구에 의하면 창의적이고 지적인 발견은 힘들게 일하고 집중해서 학습하다가 휴식을 취하는 동안에 이루어진다. 물론 일하는 동안에는 최대한 그 일에 노력을 기울이고 집중해야 한다.

그리고 각자의 삶의 우선순위에 대한 정의가 필요하다. 남들 따라가는 삶이 아닌 자기 삶의 주도권을 되찾아야 한다. 예를 들어 자신은 활동적인 사람이고 여러 사람과 함께하는 운동이 잘 맞는 사람이다. 하지만 개인 필라테스 레슨을 우선순위에 넣었다면 다시 생각해 봐야 한다. 유명 연예인이 필라테스를 하니까 하는 건지 203호 언니가 좋다고 하니 하는 것인지 점검해 봐야 한다.

자신에게 적합한 과업을 매일 우선순위로 정하는 것부터가 시간 관리이다. 계획하지 않으면 쓸데없이 낭비하는 시간이 생기고 에너지가 소모된다. 계획표를 쓰고 메모하는 습관을 길러라. 중요하거나 머릿속을 맴도는 일이라면 미루지 말고 생각났을 때 바로 처리하도록 하자. 얼마 걸리지 않는 일이라면 더욱 그렇다. 그런 잡다한 일들은 빨리 처리하고 나면 머릿속에 집어넣고 다니지 않아도 된다.

당신은 하루를 어떻게 시작하는가? 침대에 누워 핸드폰을 들여다보며 별 영양가 없는 정보들로 아침 시간을 낭비하고 있지는 않은가? 아침에 울리는 알람을 여러 개 세팅해 두고 결국은 기상시간을 계속 미루는 경우도 있을 것이다. 별거 아닌 것 같지만 이런 습관들이 우리를 피곤하게 만들고 아침 수면의 질을 떨어뜨려서 집중력에도 영향을 미친다.

내가 하고자 하는 일에 방해 요소들을 최대한 강제적으로라도 차단해 보자. 내 주변을 산만하게 하는 것들을 정리하자. 환경을 설정하는 게 몰입에 도움이 된다. 『최고의 변화는 어디서 시작되는가』의 저자 벤자민 하디는 그의 책에서 강제기능을 추천한다. '강제기능'이란 주위를 산만하게 만들거나 시간을 낭비하게 하는 요소들을 의도적으로 제거하는 것이다.

나의 경우, 습관적으로 핸드폰을 열어서 확인하던 소셜미디어 앱을 지워 버렸다.(물론 정말 확인하고 싶을 때는 노트북에서도 확인이 가능하다.) 그리고 운동을 할 때는 일부러 폰이나 지갑이 없이 집을 나선다. 그러면 온전히 운동에 집중할 수 있기 때문이다.

기억하라. 내가 시간을 대하는 방식이 유연하다고 해서 상대방도 그런 것이 아니다.

지키지 못할 시간 약속을 해서 부정적인 인상을 남기지 않도록 하자.

내 주변의 전문가들을 보면 시간을 정말 잘 지킨다. 내 시간을 소중히 여기는 만큼 상대방의 시간도 가치 있게 생각한다. 시간 약속을 어기고 핑계를 대지마라. 큰 사고나 천재지변이 아니라면 시간 관리를 잘하지 못한 자신을 탓해야 한다. 5분, 10분씩 늘 늦는 사람은 그것이 습관이다. 별거 아닌 것 같지만 나중에 나에게 큰 손해가 될 수도 있다는 것을 명심하자. '늘 늦는 사람'이라는 꼬리표가 달릴 수 있다.

시간 약속뿐만이 아니라 내가 맡은 일도 그렇다. 경계를 설정하고 내가 정해진 시간 내에 할 수 있는 일이 아니라면 거절할 줄도 알아야 한다. 지나친 의욕만 가지고 약속을 하고 그것을 이행하지 못한다면 결국 내 이미지에 부정적인 영향만 미친다.

기억하자. 아무리 좋은 의도로 한 약속이라도 지켜지지 않는다면 누군가에게 피해를 야기한다는 것을.

시간을 지배할 줄 아는 사람은 인생을 지배할 줄 아는 사람이다
(출처 : flickr.com)

Soft Thinking 14.

1. 시간 관리 능력 향상을 위해서 내가 할 수 있는 노력이나
   구체적인 방법은 무엇인가?

2. 시간 관리의 실패 요인은 무엇인가?

8) 팀워크(Teamwork)

『트렌드코리아 2023』에서 보면 '인덱스 관계'에 대하여 설명하고 있다. 지금을 살아가고 있는 현대인들은 색인처럼 편리하게 붙였다 뗐다 할 수 있는 관계의 양상 속에 살아가고 있다는 것이다. 이렇게 우리는 '인덱스 관계' 속에서 살아가고 있다. 사람과 사람 간의 감정의 깊이에 의해 친한 관계 혹은 안 친한 관계로 구분해 왔었다. 하지만 요즘은 다양한 SNS로 맺어진 관계, 코로나 19 팬데믹의 영향으로 대면과 비대면으로 맺은 관계 등 더욱 다양한 관계의 깊이와 종류가 생겨났다. 이런 트렌드 속에서 팀워크는 어떻게 형성해야 하고 지속 가능할까? 팬데믹 이전의 팀워크와 현재의 팀워크는 다른 형태로 인식되고 새로운 개념으로 정리되어야 할 것이다.

특히 MZ 세대들과 팀을 이루어 일을 할 경우 새로운 인류와 만난다는 생각으로 임해야 한다. 예전에 4명의 교사로 구성된 팀으로 여러 프로젝트를 진행했는데 그 구성원 중에 소위 MZ 세대 교사가 있었다. 3명은 70년대생이었고 그 신인류는 80년대 후반의 MZ 세대에 걸쳐진 분이었다. 일을 할 때는 그저 그런가 보다 했는데 간식으로 치킨을 배달해서 먹은 날 MZ 선생님의 행동은 달랐다.

치킨 한 박스를 놓고 둘러앉은 모두의 염원은 닭다리의 소유권이라고 본다. 적어도 나에겐 그렇다. 보통 치킨 박스가 열리고 닭다리의 위치를 포착한 후 누가 그 소유가 될 것인지 암묵적으로 합의한 후 치킨의 조각을 집어 든다. 이것이 지금까지 내가 살아온 방식이다. 하지만 MZ 세대 교사는 박스가 열리자마자 바로 닭다리를 잡아 뜯었다.

그 현장에 있던 나는 충격을 받았다.

모든 MZ 세대가 다 그런 건 아니지만 자신의 욕망을 가감 없이 바로 표현할 수 있는 분들이 MZ 세대의 특징이라 생각이 들었다. 그녀와 팀워크를 할 수 있는 역량은 그저 어떤 일을 협력해서 잘하는 수준은 아니라고 본다. 앞서 살펴본 다문화 감수성에 기반하여 팀원들의 차이를 잘 이해하는 것에서부터 출발해야 한다. 그 당시 난 MZ 세대를 연구하고 있었지만 현실과 텍스트는 달랐다. 그녀와 팀워크를 이루는 것은 쉽지 않았다.

심지어 그녀는 나머지 닭다리도 먹어 치웠다.

'팀워크(teamwork)'에 대한 여러 정의가 있겠지만 팀워크는 '팀 구성원의 정신적 유대감의 정도. **팀의 최종 목표를 향해서 사심을 버리고 봉사한다는 마음이 이룬 조화**'라는 정의에 동의한다. '팀의 최종 목표를 성취하기 위해 사심을 버리는 것'이라는 팀워크의 정의를 보면서 그녀보다 나의 사심을 보게 되었다. 팀워크를 제대로 알아야 인덱스 관계의 시대, MZ 세대들과 잘 지내야 하는 상황에서 진정한 승자가 될 수 있다.

팀워크를 제대로 알아야 진정한 승자가 될 수 있다
(출처 : flickr.com)

진정한 승자는 팀워크의 활용 능력자이다. 혼자만의 힘으로는 최상의 결과를 얻을 수 없다. 요즘 마케팅이나 조직 문화 구성에서는 '사용자 경험'을 중요시하고 있다. UX는 사람을 이해하고 사람을 배려하는 나눔의 대화다. 사용자 경험(User Experience, UX)은 사용자가 어떤 시스템, 제품, 서비스를 직·간접적으로 이용하면서 느끼고 생각하게 되는 지각과 반응, 행동 등 총체적 경험을 말한다.[12] 결국 UX도 팀워크다. 우리가 병원에 간다고 할 때 온라인 검색 혹은 지인의 추천으로 병원 정보를 얻게 된다. 이 정보는 이미 그 병원을 방문한 사람의 경험으로부터 나온다. 그리고 병원에 도착해서 주차시설과 주차요원의 태도 등으로 긍정적이거나 부정적인 인상을 받게 된다. 진료를 위해 접수를 할 때 받는 느낌도 중요하다. 또한 화장실의 청결 상태, 진료실과 대기실 등의 쾌적함과 동선도 평가의 요소가 된다. 무엇보다 담당 의료진의 설명과 처방은 경험의 핵심이 될 것이다. 이처럼 의료시설에서도 팀워크는 중요하다. UX를 통해 아주 간단하게 병원의 생태계를 파악해 보았다. 모든 조직은 팀원들의 유기적 관계로 이루어져 있다. 이 같은 팀워크의 유기체적 작용의 이해가 긍정적 과정과 결과물을 가져다준다.

---

12) 네이버 지식백과 사용자 경험(휴머니타스 테크놀로지, 2013. 2. 25, 신동희)

팀워크에서 간과해서는 안 되는 것이 경쟁에 대한 이해이다. 팀워크에서 지나친 경쟁은 무리가 될 수 있지만 동기 부여가 될 수 있고 페이스메이커(pace maker)가 될 수 있다. 그렇기에 팀원들은 적대적인 관계가 아니다. 그들은 나의 동료이고 성장을 도와주는 고마운 존재이다. 팀워크에서 긍정적 경쟁 구조를 잘 활용하면 더 성공적인 조직과 서비스 결과물을 얻게 될 것이다.

메타미래교육연구소의 두 공동 대표는 전혀 다른 성격과 개성을 가지고 있다. 하지만 이로 인해 더 큰 시너지를 창출하게 되었다. 서로에게 자극제가 되어 주고 서로가 보지 못하는 것을 보게 해 주고 서로의 다름을 존경한다. 무엇보다 서로의 피드백을 적극 수용한다. 이러한 건강한 팀워크는 살아가는 큰 힘이 된다. 주변의 다양한 관계를 열린 마음으로 구조화시켜 보길 바란다. 그중에서 자신의 삶의 촉매제가 되어 줄 팀원을 찾는 것만으로도 새로운 도전이 될 것이다.

Soft Thinking 15.

1. 어떤 사람이 다른 이들과 협업을 잘할 수 있는가?

2. 팀워크가 잘되어 성공적인 결과를 이룬 사례가 있는가?
어떻게 그런 성과를 이루었는가?

9) 리더십(Leadership)

① 조직목표의 달성을 위해 개인 및 집단을 고취하고 활동하게 하는 기술이다.

② 조직목표의 달성을 위해 구성원이 자발적 능동적으로 행동하도록 동기 부여 및 조정하는 창의적인 기술을 말한다.

③ 공동의 과업을 성취하는 과정에서 한 사람이 다른 사람들의 자발적 도움과 지원을 끌어내는 사회적 영향력의 과정을 말한다.

④ 비전과 목표를 제시하고 구성원들을 이끌어 가는 힘이다.(로버트 월터스)

위와 같이 리더십은 아주 다양하게 해석된다. 왜냐면 시대적 변화와 조직의 다양성으로 인해 각양각색의 리더십이 요구되기 때문이다. 리더의 역할은 무엇이며 이 시대가 원하는 이상적인 리더의 모습은 어떤 모습일까?

좋은 조직 안에서는 서로가 존중받고 보호받는다 느낀다.

그런 조직문화는 직원들에게 소속감을 주고, 안전망 역할을 해 준다. 그런 조직문화를 만들기 위해 끊임없이 노력하고 관찰하는 자세를 가진 사람이 리더이다.

이런 자세의 리더십은 일방적인 권력이나 권위의 형태가 아니다. 실적에 따른 보상을 제안하거나 처벌과 위협을 가하는 방법은 효과가 지속되기 힘들고 내적 동기 부여의 방식이라 볼 수 없다. 오히려 독이 되어서 팀워크를 해치고 경쟁만 부추길 가능성이 높다.

조직을 성공적으로 이끄는 리더는 비전을 제시하고 끊임없이 소통해야 한다.

진정한 리더는 팔로워들이 자발적으로 행동하고 하고 싶도록 마음속에 불을 지펴 준다.

마음을 움직여 소속감과 공통된 신념과 목표를 갖게 만드는 것이다.

Simon Sinek의 『START WITH WHY』에서는 "위대한 리더는 WHY를 추구하고, 자신이 정한 행동 방침인 HOW를 정확히 지키며, 하는 일인 WHAT이 신념을 보여 주는 근거가 되도록 한다"라고 말한다. 즉, 리더는 왜 이 일을 해야 하는지, 그 안의 가치가 무엇인지를 명확히 해야 한다. 집단의 몰입을 원한다면 모든 구성원이 같은 방향으로 향해야 한다.

리더는 비전을 제시하고 끊임없이 소통해야 한다
(출처 : flickr.com)

성공이란 '팀스포츠'와 같다는 문구를 본 기억이 난다. 뛰어난 리더라도 팔로워들의 서포트가 없이는 혼자 이루기 힘들다. 조직에서 리더 혼자서 성취할 수 있는 일은 거의 없다. 리더십이 안정적으로 자리 잡은 조직을 보면 리더의 부재에도 조직이 흔들림 없이 잘 운영되는 것을 볼 수 있다. 구성원들에게 권한을 주고 실패해도 일어설 수 있는 용기와 신뢰를 주었기 때문이다. 직원을 존중하고 안정적인 환경을 제공하지 못한 기업의 이미지는 결국 추락하게 되어 있다.

HP의 공동설립자 윌리엄 휴렛(William "Bill" R. Hewlett)과 데이비드 패커드(David Packard)는 실용적인 비즈니스의 가치를 강조하기 전에 사람을 존중해야 한다는 사실을 가슴 깊이 믿었고 그 믿음에 따라 행동했다. 미국 최대 할인점 월마트(Walmart)의 창업자 샘 월튼(Sam Walton)은 직원을 존중하고 항상 그들의 목소리에 귀를 기울였던 것으로 유명하다. 직원의 행복을 중요시했으며 그의 사무실은 늘 모든 직원들에게 열려 있었다고 한다. 함께 일하는 동료와 직원들을 존중하지 않고 안정적인 환경을 제공하지 못한 기업의 이미지는 결국 추락하게 되어 있다. 직원이 행복하고 건강한 몸과 마음을 가지고 있어야 리더 자신은 물론 조직원들의 '번아웃 신드롬(Burnout, 신체적·정신적 탈진상태)'을 빨리 알아차리는 것도 매우 중요하다. 번아웃 상태에서 주변에 공감하고 최상의 서비스를 제공한다는 것은 사실상 불가능하다. 수면장애, 기억력 감퇴, 만성피로, 초조함, 잦은 건강상의 문제, 감정 컨트롤의 어려움, 집중력 저하, 극도의 우울함, 짜증, 의욕 상실, 주변에 대한 무관심과 무감각 등이 번아웃 초기 상태에서 볼 수 있는 변화들이다. 이런 변화들에 민첩하게 대응하는 것도 조직 관리에서는 중요한 부분이다.

　이상적인 리더의 정석은 없다. 유전적인 것이 아니다. 다양한 경험과 자아에 대한 성찰, 팀워크에 대한 이해, 커뮤니케이션 능력, 문제해결능력 등 소프트스킬이 잘 갖춰졌을 때 리더로 인정받는다.

Soft Thinking 16.

1. 당신이 생각하기에 리더에게 가장 중요한 덕목 세 가지는 무엇인가?

2. 내 기억에 가장 남는 리더는 누구인가? 어떤 점이 기억에 남는가?

5

소프트스킬로
인간 개조하기

지금까지 소프트스킬에 대한 개념과 소프트스킬의 역사 소프트스킬의 9가지 범주에 대한 내용을 소개하였다. 소프트스킬에 대한 정의에 대하여 인지하고 소프트스킬 검사를 통해 자신의 소프트스킬 역량을 평가하고 각각의 내용을 다시 숙지한 지금 당신은 어떤 상태인가?

　인간을 가치 있게 만들어 주는 각각의 기술들을 우리는 이미 연마하고 있었고 그 중요성을 인식하고 있었다. 하지만 각각의 내용을 분절된 상태로 인지하고 있었다.

　각각의 가치 있는 요소를 소프트스킬이라는 플랫폼에 모아 놓고 펼쳐 보았을 때 인간의 전인적인 요소로서 각 영역을 다시 객관화하여 볼 수 있었다.

인간의 인식을 강화시켜 줄 수 있는 방법은 여러 가지이지만 그중에 효과적인 학습효과를 내는 것이 바로 질문이다. 각 영역이 마무리되는 지점에 마련된 질문에 답하는 과정은 소프트스킬을 텍스트에 가두지 않고 자신의 삶의 영역에 포함시킬 수 있다.

질문들을 그냥 지나쳐 왔다면 다시 질문들과 만나길 바란다. 각 영역의 균형 있는 성장과 개발은 당신의 삶과 당신의 조직을 개조할 수 있는 힘이 될 것이다.

앞으로의 살아갈 위기의 시대 상황에서도 소프트스킬은 여전히 중요한 역량이 될 것이다. 특히 포스트코로나 시대에 필수 역량인 회복력과 적응력에 관한 논의를 지나칠 수 없어서 간단히 전하고자 한다. 인간은 태어날 때부터 한평생 다양한 환경의 변화에 적응하며 살아가는 적응의 존재이다. 인간은 이 세상을 컨트롤할 수 있다고 믿고 개발과 확장에 박차를 가했지만 바이러스, 기후변화, 환경오염과 같은 스스로 망가뜨린 지구 생태계의 이슈들 앞에서는 대책이 없다. 우리는 어떻게 이 위기의 시대를 지혜롭게 살아 나갈 수 있을까?

그 해답은 바로 적응능력(Adaptability)과 회복능력(Resilience)에 있다.

'Resilience'라는 용어는 '다시 튀어오른다(to jump back)'는 의미의 라틴어(Resilio)에서 파생되었다. 하지만 오늘날 '회복력'의 개념은 단순히 원래의(과거의) 상태로 돌아가는 상태를 말하는 것이 아니고 그것을 넘어서 변화를 받아들이고 문제를 개선해서 새로운 시스템을 구축하고 포용하는 것이다. 즉, 변화와 더불어 살아가는 역량을 키우는 것이다.

세계적인 석학 제러미 리프킨도 그의 저서 『회복력시대』에서 말한다. 우리는 효율성의 시대애서 벗어나 회복력의 시대로 나아가야 한다고. "진보의 시대에서 회복력 시대로 효율성에서 적응성으로" 빠른 시간에 회복하려면 사고를 유연하게 유지하고 충격에 저항하는 능력, 자생력을 키우도록 노력해야 한다.

자동화, 무인화 시대, 인공지능 시대에 적응하는 것이 끝이 아니다. 적응력은 미리 행동하고 대비라는 것이다. 수많은 변화와 시대와 상황의 흐름을 읽을 줄 아는 능력이 필요한 것이다. 편안함을 느끼는 환경과 상황(Comfort Zone)에서 벗어나라. 새로운 일들을 시도하고 적응할 때 우리의 적응력 근육이 키워지는 것이다.

미래 시대의 역량은 회복력과 적응력에 달려 있다고 해도 과언이 아니다. 이를 위해 균형감 있는 소프트스킬을 연마해야 할 때이다. 인간의 인간됨을 위한 가치요소들로 구성된 소프트스킬은 미래 역량을 위한 플랫폼 역할을 하게 될 것이다.

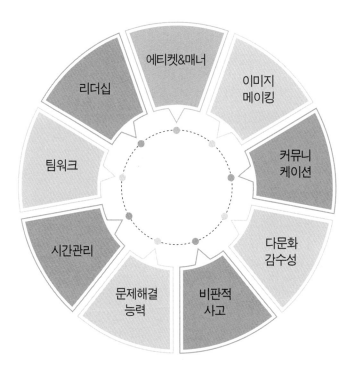

인간의 가치를 말해 주는 균형 있는 소프트스킬의 각 요소

에필로그

우리는 소프트스킬을 어떻게 하면 보편화시킬 수 있을지 논의하고 고민하며 2022년 한 해를 보냈다. 논의 끝에 '소프트스킬 9'을 글로 정리하자고 합의했다.

우리의 실행은 우리 두 사람만의 힘이 아니었다.

Soft Skills AHA의 적극적인 지원,

자아해체로 시작해서 실행의 단계로 가라는 '자청' 님,

탁월한 기업의 조건에서 소프트스킬의 중요성을 강조해 주신 톰 피터스 님,

일반적인 개념을 『재정의』로 재구성하여 신선한 아이디어를 던져 준 한근태 교수님과,

미래에도 소프트스킬이 중요함을 인식시켜 준 『트렌드코리

아 2023』의 글이 도전이 되었다.

그리고 태고 때부터 통합적인 존재로 살아가려고 노력한 여러 선배들의 이야기들을 참고하였다.

소프트스킬 9의 특성과 구성요소를 정리하면서 "아, 그것 다 아는 얘기….'라고 덮어 버리면 어떡하지?' 하는 두려움도 있었다.

하지만 인식의 '클루지'가 몰려올 때마다 재인식했다.
"해 아래 새것은 없다." 어떻게 재구성하여 정리하는가에 차별성이 담겨 있다.

흩어져 있는 인간가치의 구성요소를 통합할 수 있는 플랫폼으로서의 역할을 소프트스킬 9이 가능하게 한다.

지금까지 커뮤니케이션, 문제해결능력, 비판적 사고, 시간 관리, 이미지메이킹, 리더십 등을 분리해서 다루었다. 각각의 주제로 강의가 운영되었다. 소프트스킬 9은 전체를 통합해서 조망하고 각 영역 중에서 강점과 약점을 분석하고 균형 있는 삶으로 안내해 준다.

이를 위해 함께 생각을 공유하는 소프트스킬 9 커뮤니티는 추후 구성할 예정이다. 소프트스킬을 적용한 다양한 실제 사례를 다음 출판 과제로 구상하고 있다. 청소년, 직장인, 교사, 취준생 등 각기 다른 상황에서 소프트스킬을 적용하여 각자의 역량이 극대화될 수 있을 것이라 기대한다.

'변화된 세상을 원한다면 '나'부터 행동하고 실천해야 한다.' 이것을 깨닫는 데 참 오래도 걸린 것 같다. 오늘보다 더 나은 내일을 만들어 주고 나를 더 좋은 인간(Human Being)으로 만들어 주는 것이 바로 소프트스킬이다. 그리고 이것을 널리 알리는 것이 나에게 주어진 의무이자 선물이라고 생각하며 감사한다.

AI가 발달할수록 인간 고유의 영역인 소프트스킬의 중요성은 더욱 강조되고 요구될 것이다. 더 멋진 '나'로 거듭나 보자.

대한민국 인간 개조 프로젝트 파이팅!

2023년을 맞이하며

부록

소프트스킬 9 검사지

■ 본인의 이상적인 생각이나 상상이 아니라 현재 자신의 생각과 실행방식에 대하여 체크하세요.

소프트 스킬 9	질문	아니다	⟵⟶			매우 그렇다
		1	2	3	4	5
에티켓 &매너	1. 나는 남에게 피해를 주거나 불쾌한 행동을 하지 않는다.					
	2. 나는 친절한 말투와 행동을 유지하려고 노력한다.					
	3. 타인에 대한 배려는 내 삶에서 중요하다.					
	4. 에티켓과 매너는 어릴 때부터 습득해야 한다.					
	5. 에티켓과 매너는 사람의 됨됨이와 지적 수준을 보여 준다.					
	총점 :					
이미지 메이킹	1. 나는 외모가 사람의 가치관을 반영한다고 생각한다.					
	2. 이미지메이킹은 나를 차별화하는 전략이다.					
	3. 이미지는 인간의 심리적, 정서적 특징을 보여 준다.					
	4. 외모, 말투, 행동은 제대로 된 나 자신을 보여 준다.					
	5. 나는 내가 만나는 사람들의 분위기에 맞게 스타일링을 한다.					
	총점 :					

커뮤니케이션	1. 나는 다른 사람의 이야기를 끊지 않고 잘 듣는 편이다.					
	2. 공감은 표정과 행동으로 보여 주어야 한다.					
	3. 언성을 높이고 무례한 언행을 하는 것을 매우 불편해한다.					
	4. 공감한다는 것은 그 사람의 생각에 동의하는 것 이상의 감정이입이다.					
	5. 내가 잘 이해되지 않거나 확실치 않을 때는 상대에게 질문을 하고 확인을 하는 편이다.					
	총점 :					
다문화 감수성	1. 나는 다문화 감수성에 대하여 들어 본 적이 있다.					
	2. 다문화는 외국의 문화뿐 아니라 나와 다른 타인을 모두 포함한다.					
	3. 문화적 차이를 가진 타인을 이해하고 공감하는 능력이다.					
	4. 나와 다른 사람이 친밀해지기 위해서는 내가 먼저 상대에게 나를 개방해야 한다.					
	5. 나는 나와 다른 사람의 의견이나 생각을 선입견 없이 받아들인다.					
	총점 :					

비판적 사고	1. 나는 궁금한 것이 있으면 잘 물어보는 편이다.					
	2. 중요한 결정을 내리거나 해결책을 찾으려면 객관적으로 생각하고 자료를 충분히 검토해야 한다.					
	3. 나는 전문가의 말이나 책의 정보를 늘 신뢰한다.					
	4. 비판적 사고는 자기중심적인 사고와 연관된 것이 아니다.					
	5. 정답보다는 그것을 찾는 과정이 중요하다.					
	총점 :					
문제 해결 능력	1. 문제해결능력은 창의적이고 논리적인 사고에서 나온다.					
	2. 문제해결을 위해서는 문제의 특성을 파악하는 것이 우선이다.					
	3. 나는 문제를 해결하기 위해 논리적 구조를 활용한다.					
	4. 문제해결을 위해서는 다양한 방식이 있다.					
	5. 나는 당면한 문제를 해결하기 위해 지나온 경험을 활용해 본 적이 있다.					
	총점 :					
시간 관리	1. 나는 시간 약속을 잘 지키는 편이다.					
	2. 사소한 일이라도 생각날 때 바로 바로 처리하면 시간이 절약된다.					
	3. 시간 관리에 있어서 우선순위는 매우 중요하다.					
	4. 나는 할 일을 바로 처리하는 편이다.					
	5. 주변 정리정돈이 시간 관리에 도움을 줄 수 있다.					
	총점 :					

팀워크	1. 팀워크가 잘 이루어지기 위해서는 개인의 사심을 버려야 한다.					
	2. 팀워크의 성공은 성과와 밀접한 관계가 있다.					
	3. 나는 팀을 이루어 과제나 업무를 수행하는 것을 좋아한다.					
	4. 팀 구성원의 정신적 유대감은 결과물의 성취만큼 중요하다.					
	5. 성공적인 협업을 위해서는 서로 의지해야 한다.					
	총점 :					
리더십	1. 어떠한 일을 할 때 자발적인 동기와 행동이 중요하다고 생각한다.					
	2. 리더는 팔로워들에게 위엄을 보이기 전에 신뢰를 보여야 한다.					
	3. 무엇을 요구하기 전에 먼저 몸소 실천하고 보여 준다. (언행일치)					
	4. 나는 일이 잘 풀리지 않을 때 나를 먼저 돌아본다.					
	5. 좋은 리더는 칭찬과 격려에 인색하지 않다.					
	총점 :					

소프트스킬 9 각 영역별 진단&분석

소프트스킬 9	총점 (25점)	강점 &약점	실천방안
1. 에티켓&매너			
2. 이미지메이킹			
3. 커뮤니케이션			
4. 다문화 감수성			
5. 비판적 사고			
6. 문제해결능력			
7. 시간 관리			
8. 팀워크			
9. 리더십			

※ 소프트스킬 9 분석하기
① 각 주제별 총점을 기록하기
② 가장 높은 점수 2가지와 가장 낮은 점수 2가지를 선택하기
③ 높은 점수의 주제 2가지를 강점, 낮은 점수의 주제를 약점이라고 표시
하기
④ '실천방안'에 강점을 더욱 높이는 실천방안과 약점을 극복하는 실천방
안을 써 보기
⑤ 시간적 여유가 있다면 전체 주제에 대한 실천방안을 써 보고 팀원들과
이야기를 나누어 보기
(개인 활동 혹은 팀 활동으로 활용 가능함)

참고자료

김난도 외(2022), 『트렌드코리아 2023』, 미래의창.

갤럽 프레스(2021), 『위대한 나의 발견 강점 혁명』, 청림출판.

로버트 가요사키(2022), 『부자 아빠 가난한 아빠(20주년 특별기념판)』, 민음인.

사이먼 시넥(2021), 『스타트 위드 와이 : 나는 왜 이 일을 하는가)』, (주)세계사 컨텐츠그룹.

스티븐 코틀러(2021), 『멘탈이 무기다』, 세종.

자청(2022), 『역행자』, 웅진지식하우스.

제러미 리프킨(2022), 『회복력의 시대』, 민음사.

톰 피터스(2022), 『탁월한 기업의 조건』, 한국경제신문사.

한근태(2022), 『재정의』, 클라우드나인.

Benjamin Hardy(2019), *Willpower Doesn't Work : Discover the Hidden Keys to Success*, Piatkus Books.

Maria ross(2019), *The Empathy Edge : Harnessing the Value of Compassion as an Engine for Success : Harnessing the Value of Compassion As an Engine for Success*, page two Books, Inc.

관계와 소통이 어려운 진짜 이유 1 : http://www.mind-journal.com/news/articleView.html?idxno=1077

네이버 지식백과 다문화역량[多文化力量, Cross-Cultural Competency] (HRD 용어사전, 2010. 9. 6., (사)한국기업교육학회)

네이버 지식백과 사용자 경험(휴머니타스 테크놀로지, 2013. 2. 25, 신동희)

많은 회사는 소프트스킬을 가진 직원을 요구 : http://www.goodmorningvietnam.co.kr/news/article.html?no=55925

리더십 : https://namu.wiki/w/리더십

소프트스킬의역사 : https://en.m.wikipedia.org/wiki/Soft_skills

이미지메이킹의 개념과 구성요소 : https://nicksstory.tistory.com/210

인문경영연구소 : https://www.humanity.kr/984

Charles Lambdin -How are soft skills soft? : https://charleslambdin.com/2020/03/20/how-are-soft-skills-soft/

ⓒ 김세광(Ellie Kim)·오미영(Jennifer Oh), 2023

초판 1쇄 발행 2023년 3월 4일

지은이   김세광(Ellie Kim)·오미영(Jennifer Oh)
펴낸이   이기봉
편집   좋은땅 편집팀
펴낸곳   도서출판 좋은땅
주소   서울특별시 마포구 양화로12길 26 지월드빌딩 (서교동 395-7)
전화   02)374-8616~7
팩스   02)374-8614
이메일   gworldbook@naver.com
홈페이지   www.g-world.co.kr

ISBN   979-11-388-1701-1 (03190)